NOTE

SUR LA REPRISE

DES CHEMINS DE FER

PAR L'ÉTAT;

PAR LE CAPITAINE ROZET.

———

Prix : 25 centimes.

PARIS,

MATHIAS, LIBRAIRE,   CHAIX, IMPRIMEUR,
QUAI MALAQUAIS, 15.   RUE BERGÈRE, 8.

FIRMIN DIDOT FRÈRES, LIBRAIRES,
RUE JACOB, 56.

———

1848.

NOTE

SUR LA REPRISE

DES CHEMINS DE FER

PAR L'ÉTAT.

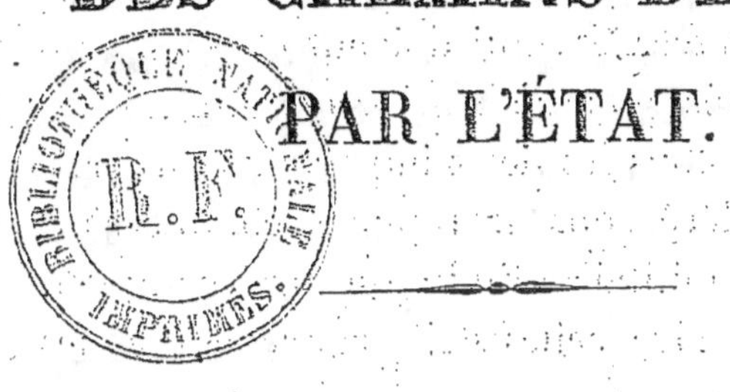

Une des plus grandes fautes commises par le Gouvernement que la vaillance du peuple français vient de renverser, est certainement d'avoir abandonné les chemins de fer à des compagnies : il avait ainsi élevé à côté de lui une puissance qui n'aurait pas tardé à diminuer beaucoup la sienne, et qui commence déjà à opprimer la nation par le monopole des transports qu'elle exerce, et qu'il est impossible de lui disputer, sur toutes les directions dont elle s'est emparée. Il s'était privé lui-même d'un immense moyen d'influence sur le pays ; et il avait ôté à la France entière les principaux avantages qu'elle doit retirer de l'établissement de ces voies si rapides de communication. Dans cet écrit, je me propose d'exposer succinctement les idées que m'ont fait naître de longues réflexions sur la nécessité de l'établisse-

ment des chemins de fer dans toute la France ;
et leur mode d'exploitation pour que le peuple
en retire tous les avantages qu'ils sont appelés à
lui donner ; les moyens que le Gouvernement
peut employer pour se procurer immédiatement
les fonds nécessaires à la construction des principales lignes ferrées, qui doivent être les pre-
mières exécutées pour établir des communications
rapides entre tous les lieux importants du terri-
toire, considéré sous le rapport commercial,
industriel et militaire. Enfin, je dirai comment
il peut reprendre celles déjà concédées à des
compagnies.

Devait-on établir des chemins de fer en
France ?

La réponse à cette question est faite par nos
voisins même les moins puissants, qui en ont
établi chez eux avec une rapidité qui devrait
faire honte à l'activité française, si elle n'avait
été comprimée par quelques hommes cupides,
placés à la tête du Gouvernement et des principales branches de l'administration.

Mais, disent beaucoup de personnes, les
chemins de fer sont nuisibles, parce qu'ils
détruisent le roulage dans les contrées qu'ils
traversent, la marine des rivières qu'ils côtoient,
qu'ils ruinent les rouliers et les aubergistes, et
mettent sur le pavé un grand nombre de con-

ducteurs et d'employés des voitures publiques.

Si notre agriculture était parvenue au point de perfection où elle peut arriver, il y aurait, peut-être, un inconvénient à ce que le roulage n'employât plus autant de bras et de chevaux; mais il n'en est malheureusement pas ainsi : dans la plus grande partie de la France, le sol, la base de notre existence et de notre richesse, est fort mal cultivé. Les bras et les bestiaux manquent; et quand l'exploitation rurale s'enrichirait de tous ceux que les chemins de fer laisseront sans emploi, elle n'en aurait pas encore assez.

L'exploitation des chemins de fer exigeant un bien plus grand nombre d'employés et de conducteurs de voitures que celle des diligences, les employés et conducteurs de celles-ci sont assurés d'y trouver de l'emploi.

Reste donc la navigation des rivières. Ici je pourrais encore répondre que les bras sortis de cette industrie retourneront à l'agriculture, ou trouveront de l'emploi dans les chemins de fer. Mais il y a plus : cette navigation ne sera jamais entièrement détruite; jamais les chemins de fer ne pourront lutter avec elle, surtout à la descente, pour le transport des marchandises qui ne demandent pas à arriver très-rapidement, et la grande masse est dans ce cas.

Quant aux hôteliers et aux aubergistes, une partie seulement aura beaucoup à souffrir;

mais elle ne sera pas obligée de fermer la maison, surtout dans les villes où il y a toujours
des voyageurs et des personnes qui fréquentent
ces établissements; dans les campagnes, ils de-
viendront des cultivateurs; et, dans tous les
cas, la diminution du nombre des hôtels et des
auberges ne peut être qu'avantageuse au pays,
à la santé des citoyens et à la morale publi-
que.

On ne peut donc point apporter d'objections
sérieuses contre l'établissement des chemins
de fer. Maintenant nous allons montrer les
principaux avantages que le peuple français
doit retirer de cet établissement.

Il n'est personne, je pense, qui puisse con-
tester qu'une grande société, comme la nôtre,
ait tout à gagner par la facilité et la rapidité
des communications. Si je trouvais un contra-
dicteur, je lui demanderais, s'il a parcouru la
France, s'il n'a pas été frappé et même doulou-
reusement impressionné des différences qui
existent entre les diverses contrées; s'il n'a pas
reconnu que dans celles pourvues de routes et de
bons chemins, qui leur permettent de communiquer facilement avec les grands centres de population, la condition de l'homme est plus élevée
et meilleure, sous tous les rapports, que dans
celles qui en sont privées, et même dans les-
quelles les voies de communication ne sont pas
encore bien établies. Voyez dans quel état de dé-

gradation se trouvent encore actuellement les habitants de la Basse-Bretagne, chez lesquels on ne fait que commencer à établir des routes et des chemins praticables. Il y a quinze ans seulement que la condition de ceux de la Vendée était peu différente ; mais, depuis l'établissement des routes stratégiques, parfaitement exécutées et parfaitement entretenues, qui coupent la contrée dans tous les sens, ils se sont élevés à la hauteur de ceux des parties les plus avancées de la France : les améliorations faites depuis ont triplé les produits de l'agriculture et de l'industrie, comparativement à l'époque où le pitoyable état des chemins forçait à les consommer presque entièrement dans le pays.

Dans les montagnes du Morvan, de l'Auvergne, des Cévennes, de la Provence, etc., privées de bonnes voies de communication, la civilisation est encore très-arriérée, et les habitants manquent des choses devenues pour nous indispensables. Tandis que ceux des grandes vallées de ces montagnes, que de belles routes mettent en communication fréquente avec les villes, vivent dans une aisance presque égale à celle de la population aisée de ces mêmes villes.

L'homme fermé chez lui, sans communiquer avec ses voisins, soit qu'il habite une grande ville, un village, où une maison isolée, devient un égoïste, d'abord pour la société, ensuite pour lui-même ; il finit par mourir misérablement et dégradé. Celui que la nécessité force à rester dans un pays privé de communications est presque aussi malheureux : point de vie intellectuelle, point d'émulation, point de désir de travailler pour rendre des services à la société. S'il est obligé de travailler pour vivre, il ne fait rigoureusement que ce qu'il faut pour soutenir sa triste existence. S'il est riche, il entasse ses économies, et refuse aux travailleurs la plus grande partie de ce qu'il devrait leur faire gagner. Ainsi donc, les communications fréquentes sont le meilleur moyen qu'aient les hommes pour développer en eux les hautes facultés que la nature leur a données, et qui placent le genre humain à la tête de la création.

Les diverses parties de la France étant amenées à communiquer facilement et rapidement entre elles par les chemins de fer, échangeront continuellement les produits de leur sol, de leur industrie, et, surtout, leurs idées. Les écrits, les progrès de la pensée, se répandront partout avec rapidité ; les hommes éminents dans toutes les parties, pourront être vus et entendus par un grand nombre de citoyens de toutes les contrées du pays, qui iront ensuite rendre, à la population sédentaire, les impressions qu'ils auront reçues et l'instruction qu'ils auront acquise.

L'Allemagne, la Prusse, la Belgique, sont déjà traversées par des réseaux de chemins de fer ; l'Italie, le Piémont, et même l'Espagne, en construisent; raccordons donc nos principales lignes avec celles de nos voisins, et, supprimant les douanes, les distances entre les peuples disparaîtront, et ceux de l'Europe ne formeront bientôt plus qu'une même famille, moins différente dans ses éléments, que ne le sont maintenant les diverses parties de la France. De la facilité et de la célérité des communications entre tous les peuples de l'Europe, résulteront des sympathies, des liaisons intimes, des intérêts communs, qui rendront toute guerre désormais impossible; et les lumières se propageant de plus en plus chez tous, les institutions se mettront en harmonie, ce qui forcera les souverains absolus à émanciper les peuples qu'ils oppriment, et c'est ainsi que s'établira cette grande famille, composée de toutes les nations européennes.

Tels sont les avantages que chaque peuple a le droit de demander à l'établissement des chemins de fer, et qui en sortiront certainement, si cette grande entreprise est conduite avec les principes libéraux qui doivent présider, maintenant, à l'exécution des grandes conceptions de l'esprit humain. La France peut donc retirer de grands avantages de la construction des chemins de fer, et la République a le plus grand intérêt à pousser cette construction avec toute l'activité possible.

Les principales lignes de chemins de fer doivent être exécutées par la République et lui appartenir.

Un peuple libre ne doit pas souffrir qu'une partie quelconque de la société puisse opprimer la masse, de quelque manière que ce soit. Or, je demande si les avantages concédés aux compagnies des chemins de fer n'ont pas déjà conduit à une véritable oppression de la masse, d'abord par le monopole que ces compagnies exercent dans le transport des voyageurs et des marchandises; par les prix trop élevés de ce transport, contre lequel il ne peut s'établir aucune concurrence ; par la manière dont sont traités par elles les voyageurs qui ne peuvent payer que les troisièmes places (1); enfin, par les entraves qu'elles ont déjà mises ou qu'elles peuvent mettre aux services du Gouvernement.

Cette facilité d'oppression, concédée aux compagnies, en fait autant de petites puissances disséminées dans le pays, et dont l'action peut entraver souvent, et même quelquefois paralyser celle du Gouvernement, et par conséquent causer grand tort au peuple, dont le bien-être et la gloire doivent être le but de tous les actes de ceux auxquels il accorde sa confiance.

(1) Sur plusieurs lignes, les wagons des troisièmes sont découverts, et les voyageurs y sont entassés les uns sur les autres, tandis que les wagons qui servent au transport des bestiaux sont couverts, et que l'on n'en met que ce qu'il faut pour qu'ils ne se fassent pas de mal.

Ainsi donc, le Gouvernement ne saurait céder aucune partie de son action sur les grandes lignes de chemins de fer, sans causer un immense tort à la nation tout entière, et sans créer à lui-même des embarras dont il ne pourrait prévoir toutes les suites. Ces lignes doivent appartenir au Gouvernement, c'est-à-dire, à la nation.

Mais, dira-t-on, pour être possesseur des chemins de fer, il faut que le Gouvernement les fasse exécuter lui-même et à ses frais, et l'état de nos finances est loin d'être assez prospère pour que l'on puisse seulement songer à une pareille dépense. Ensuite, pour conserver toute son influence sur eux, il faudra qu'il les exploite lui-même, ce qui est impossible à cause des embarras attachés à une exploitation aussi vaste, et des immenses abus qui s'établiraient dans chaque administration de ligne. Je réponds à ces deux objections capitales.

Construction des chemins de fer par l'État.

Le nombre, l'instruction et l'activité des ingénieurs français, que l'École polytechnique permet encore d'augmenter s'il est besoin, assure à l'État tous les moyens intellectuels pour l'établissement des chemins de fer. Quant aux ouvriers, l'expérience a prouvé qu'on en avait assez, et, dans l'état actuel des choses, il est certain que l'on n'en manquera pas. Reste donc maintenant

la question d'argent, qui, dans toutes les entreprises, est la plus difficile, et qui les rend souvent impossibles.

Ce qui vient de se passer sous nos yeux donne
naturellement la solution de cette question. La
quantité de capitaux réunis par les diverses compagnies de chemins de fer, dont la responsabi-
lité était loin d'être bien établie, montre que la
France possède beaucoup d'argent, et que les pos-
sesseurs n'en ont pas toujours un emploi avan-
tageux. En donnant des garanties suffisantes et
faisant un appel à la nation, le Gouvernement
trouvera plus d'argent qu'il ne lui en faut pour
la construction des lignes de chemins de fer,
que les besoins et la prospérité de la France
exigent que l'on établisse d'abord.

Pour se procurer les fonds nécessaires à cette
grande entreprise, il suffit au Gouvernement de
notre République de créer des actions, uniquement pour l'établissement des chemins de fer, por-
tant un intérêt annuel de 3 pour cent, avec une
participation dans les bénéfices généraux. Sur ces
bénéfices, il sera annuellement prélevé une somme
destinée au remboursement du capital, en sorte
qu'au bout d'un certain nombre d'années, les
actionnaires se trouveraient entièrement rem-
boursés, et ils conserveraient leurs intérêts dans
les bénéfices. Pour la régularité de l'opération,
et la tranquillité des actionnaires, le bilan de
l'administration des chemins de fer serait publié

par le Gouvernement, chaque année, ou même deux fois par an.

Il n'est pas douteux qu'avec de telles conditions le Gouvernement républicain, dont l'existence seule nous répond que nous ne verrons pas se renouveler chez lui les abus de celui des rois, se procurerait plus de fonds qu'il n'en faut pour la construction des chemins de fer. Afin d'éviter l'accumulation inutile de capitaux, les actionnaires ne verseraient que par dixièmes au fur et à mesure de l'avancement des travaux, et sur la demande du Gouvernement. La souscription des actions se ferait pour Paris au Trésor royal, et, dans les départements, chez les receveurs des finances, qui ne délivreraient les titres aux souscripteurs que sur le versement du nombre de dixièmes fixés; et l'on empêcherait ainsi ce scandaleux agiotage qui a eu lieu pour l'émission des actions des compagnies, et, par suite, la ruine des familles. S'il arrivait qu'un souscripteur ne pût pas verser le montant des actions qu'il aurait prises, on devrait lui réduire le nombre de ces actions au prorata de la somme qu'il aurait payée.

Quel mode emploiera le Gouvernement pour l'exploitation des chemins de fer?

Il faudra établir, au Ministère des travaux publics, une administration des chemins de fer, de laquelle dépendra tout ce qui a rapport à ces voies de communication, l'achèvement complet, l'exploitation et l'entretien.

Six mois avant qu'une ligne soit en état d'être mise en exploitation, quand le personnel rigoureusement nécessaire pour cela aura été fixé et nommé par le ministre des travaux publics, on fera savoir à l'industrie, par la publication, que l'administration recevra les soumissions de tous ceux qui voudront établir des services sur la ligne. Comme il se présentera, probablement, plus d'entrepreneurs de transports que la sécurité et la célérité permettront d'en établir, on pourra mettre aux enchères la rétribution à payer pour un nombre déterminé de voitures destinées aux transports des voyageurs ou des marchandises, ou de l'un et de l'autre, entre le point de départ et les divers points d'arrivée. La rétribution annuelle fixée de cette manière devra être payée par trimestre d'avance, pour éviter les pertes que l'administration pourrait éprouver par la chute des entreprises particulières.

Les voitures de transport devront être construites aux frais des exploitants et leur appartenir. Quant aux locomotives, desquelles dépendent la sécurité et la célérité des transports, elles devront appartenir au Gouvernement et être conduites par des employés de l'administration, qui seront soumis à une inspection continuelle et à un règlement extrêmement sévère, et reconnus pour leur tempérance et la régularité de leur conduite dans la société. Ce dernier point est très-important pour la sécurité des voyageurs. J'allais oublier de dire, parce que c'est tout naturel, que la même condition est applicable à tous les employés d'une ligne de chemin de fer, qui devront avoir tous les égards possibles pour les voyageurs, et dont on devra punir sévèrement tous ceux qui en manqueraient, comme cela arrive très-fréquemment aujourd'hui sur les lignes déjà en activité.

Les choses étant ainsi organisées, on voit que les transports par les chemins de fer admettraient la concurrence, comme ceux pour les routes, ce qui amènerait les prix au taux où ils doivent être, pour que les entrepreneurs puissent faire d'honnêtes bénéfices, et que la classe pauvre de la société puisse jouir de tous les avantages qu'elle a le droit d'exiger de l'établissement de ces merveilleuses voies de communication.

Je pourrais pousser plus loin le développement des avantages du projet que je propose; mais qui ne les comprend? qui ne voit que le Gouvernement acquerrait par là une force immense par son action simultanée sur tous les points de la France à la fois et, surtout, sur l'ensemble de nos frontières; par la grande quantité de places et d'emplois avec lesquels il récompenserait les serviteurs de la patrie, les soldats

de la milice nationale, dont j'appelle la forma-
tion de tous mes vœux ? Par l'abaissement des
prix et la sécurité dans les transports, qui con-
duiraient nécessairement aux progrès et sans ef-
fort aucun, dans l'éducation et dans l'améliora-
tion sous tous les rapports du sort de la classe pauvre ; par le mélange continuel de tous les peuples
européens avec le peuple français, on arriverait
plutôt qu'on ne le pense à l'union indissoluble
de tous les peuples entre eux, et par suite à l'a-
néantissement de leur oppression.

Le temps du peuple est venu ; il a été ap-
porté par les barricades de Février. A celui qui
dirait maintenant, comme naguère : Il faut
faire quelque chose pour le peuple, la France
entière répondrait : Il faut tout faire pour le
peuple ! ! !

Ce que le Gouvernement doit faire relativement
aux lignes de chemins de fer concédées à des
compagnies.

Les concessions de chemins de fer faites à des
compagnies, l'ont été en vertu de lois réguliè-
rement votées par les chambres ; on ne peut
donc pas revenir sur ces concessions : cela est
juste et parfaitement juste. Aussi, ne demandons-
nous pas que l'État dépossède les compagnies,
même par une loi qui leur accorderait une indemnité convenable.

Mais comment sont composées ces compagnies ? De quelques personnes chargées de l'administration, et d'un grand nombre d'actionnaires, dont l'état actuel des entreprises a considérablement diminué les capitaux engagés. Plusieurs compagnies ont déjà abandonné les concessions qui leur avaient été faites ; plusieurs ne continuent qu'avec les secours que leur accorde le Gouvernement ; et la plupart tomberont bientôt, si le Gouvernement ne leur accorde pas de nouveaux secours, et cela arrivera presque à toutes avec le temps.

Je voudrais donc que le Gouvernement refusât d'abord toute espèce de secours aux compagnies de chemins de fer ; qu'il leur offrît à toutes de rembourser les dépenses utiles qu'elles ont faites, en actions de chemins de fer créées par lui. Aux prix où sont actuellement les actions de presque toutes ces compagnies, celles-ci, gagnant beaucoup à une pareille proposition, se hâteraient de l'accepter, et l'État reprendrait ainsi sans aucune violence les concessions qui leur ont été faites.

Quant aux compagnies dont les lignes actuellement en exploitation donnent des bénéfices, et il y en a peu, on devra certainement leur faire des propositions plus avantageuses ; on sera obligé de débattre avec elles l'indemnité à leur payer. Mais si elles refusent tout arrangement, rien n'empêche l'État de construire d'autres lignes parallèles à celles-ci, pour leur faire une concurrence qu'elles ne pourront pas soutenir.

Je crois devoir dire, en terminant, que je ne possède point d'actions de chemins de fer, et que c'est uniquement le désir d'être utile à la patrie qui m'a porté à publier cette note.

Paris, 5 *avril* 1848.

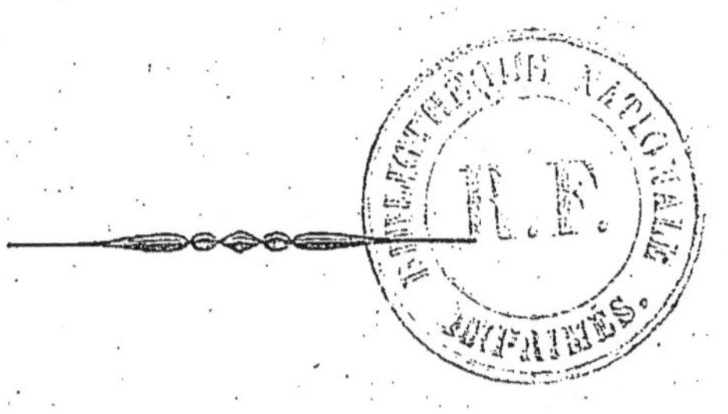

Paris. — Typographie de Firmin Didot frères, rue Jacob, 50.